Weihnachten mit Dietrich Bonhoeffer

Besinnliche Texte

Herausgegeben von Manfred Weber

Gütersloher Verlagshaus

Die Umkehr aller Dinge

Wenn wir am Advents- und
Weihnachtsgeschehen teilnehmen wollen,
so können wir nicht einfach wie bei einem
Theater daneben stehen
und uns an all den freundlichen Bildern
freuen,
sondern dann werden wir selbst
in diese Handlung,
die da geschieht,
in diese Umkehr aller Dinge
mit hineingerissen,
da müssen wir mitspielen auf dieser Bühne,
da ist der Zuschauer immer schon eine
handelnde Person in dem Stück,
da können wir uns nicht entziehen.
Was spielen wir denn da mit?
Fromme Hirten, die ihre Knie beugen?
Könige, die ihre Gaben bringen?
Was wird denn da gespielt,
wo Maria die Mutter Gottes wird,
wo Gott in der Niedrigkeit der Krippe
in die Welt kommt?

Wir können an seine Krippe nicht treten
wie an die Wiege eines anderen Kindes,
sondern wer an seine Krippe gehen will,
mit dem geht was vor,
der kann nur gerichtet oder erlöst
wieder von ihr fort gehen,
der muß hier entweder zusammenbrechen
oder er weiß die Barmherzigkeit Gottes sich
zugewandt.
Was heißt es,
daß solche Dinge vom Christuskind
gesagt werden?
Gott selbst ist es,
der Herr und Schöpfer aller Dinge,
der hier so gering wird,
der hier in den Winkel,
in die Verborgenheit,
in die Unansehnlichkeit der Welt eingeht,
der in der Hilflosigkeit und Wehrlosigkeit
des Kindes
uns begegnen und unter uns sein will.

Barmherzigkeit Gottes

Advent feiern

heißt warten können

Advent feiern heißt warten können;
Warten ist eine Kunst,
die unsere ungeduldige Zeit vergessen hat.
Auf die größten, tiefsten, zartesten Dinge
in der Welt
müssen wir warten,
da gehts nicht im Sturm,
sondern nach den göttlichen Gesetzen
des Keimens und Wachsens und Werdens.

Verheißung

Weihnachten soll die große Verheißung Gottes erfüllt werden.

Gott nahm
in der Geburt Jesu Christi
die Menschheit an,
nicht nur einen einzelnen Menschen.

Geburt Jesu Christi

Der Grund aus dem wir als wirkliche
Menschen leben dürfen
und den wirklichen Menschen neben uns
lieben dürfen,
liegt allein in der Menschwerdung Gottes,
in der unergründlichen Liebe Gottes zum
Menschen.

Aus Liebe

Aus Liebe zum Menschen wird Gott
Mensch.
Er sucht sich nicht den vollkommensten
Menschen,
um sich mit ihm zu verbinden,
sondern nimmt menschliches Wesen an,
wie es ist.

zum Menschen

Christus hat

Menschengestalt
angenommen

Christus hat Menschengestalt angenommen.
Er wurde Mensch wie wir.
In seiner Menschheit
und seiner Niedrigkeit
erkennen wir unsere eigene Gestalt wieder.

Jesus Christus

Jesus Christus,
der Mensch gewordene Gott –
das bedeutet,
daß Gott alles menschliche Wesen
leibhaftig angenommen hat,
daß göttliches Wesen
von nun an nicht anders
als in menschlicher Gestalt gefunden
werden kann,
daß in Jesus Christus
der Mensch dazu befreit ist
vor Gott wirklich Mensch zu sein.
In der Menschwerdung
bekundet Gott sich als den,
der nicht für sich selbst
sondern für uns da sein will.

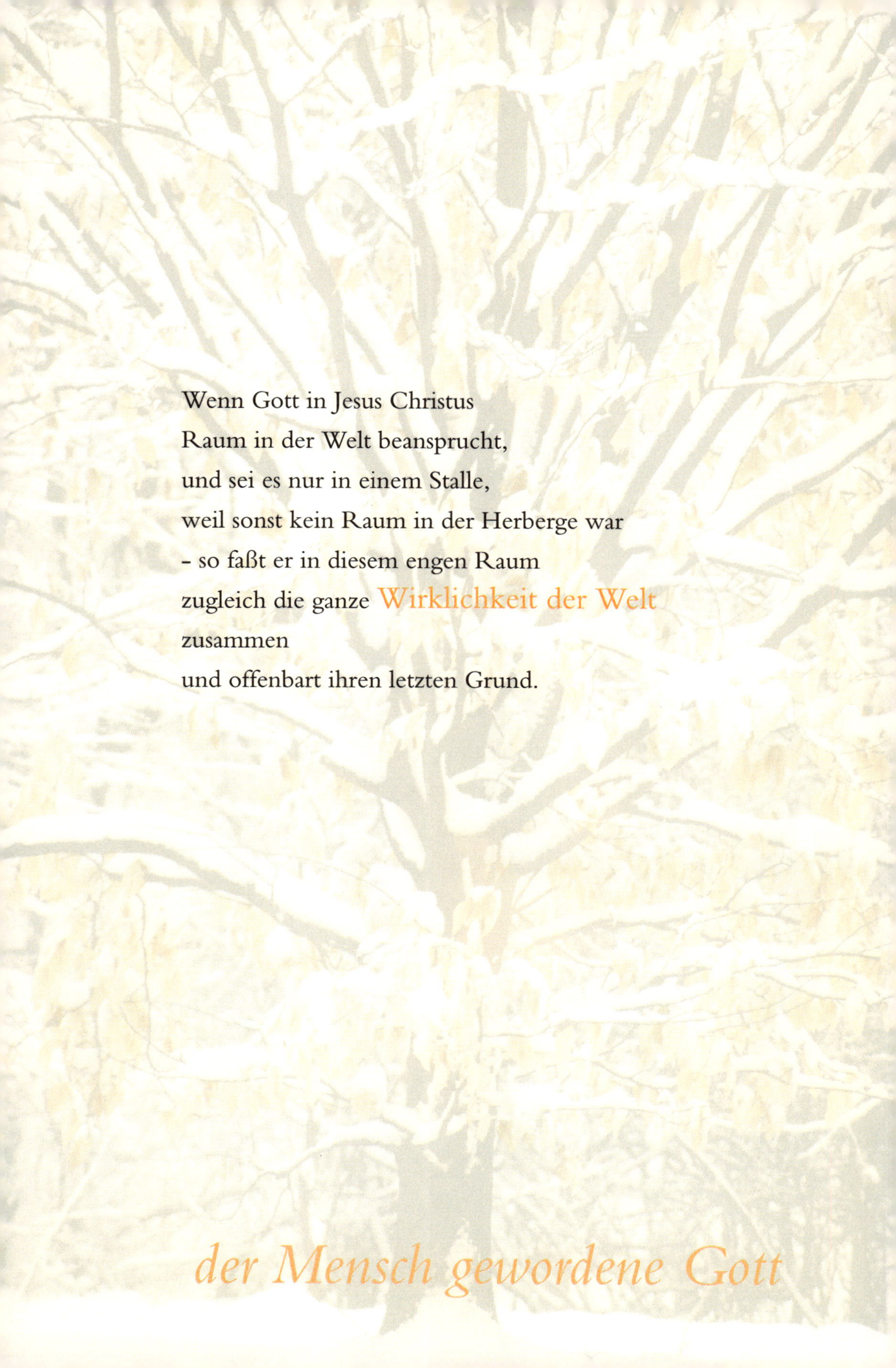

Wenn Gott in Jesus Christus
Raum in der Welt beansprucht,
und sei es nur in einem Stalle,
weil sonst kein Raum in der Herberge war
– so faßt er in diesem engen Raum
zugleich die ganze Wirklichkeit der Welt
zusammen
und offenbart ihren letzten Grund.

der Mensch gewordene Gott

Das Wunder aller Wunder ist,
daß Gott das Niedrige liebt.
Gott schämt sich der Niedrigkeit
des Menschen nicht,
er geht mitten hinein,
er wählt einen Menschen
zu seinem Werkzeug
und tut seine Wunder dort,
wo man sie am wenigsten erwartet.

Gott geht

Gott geht wunderbare Wege
mit den Menschen,
er richtet sich nicht nach der Meinung
und der Ansicht der Menschen.
Gott geht nicht den Weg,
den die Menschen ihm vorschreiben wollen,
sein Weg ist über alles Begreifen
über alles Beweisen
frei und eigenwillig.

wunderbare Wege

Neuordnung

aller Dinge dieser Erde

Wenn Gott
die Marie zum Werkzeug erwählt,
wenn Gott
selbst in der Krippe von Bethlehem
auf diese Welt kommen will,
so ist das nicht
eine idyllische Familienangelegenheit,
sondern es ist der Beginn
einer völligen Umkehrung,
Neuordnung aller Dinge dieser Erde.

Die Krippe und das Kreuz

Wo der Verstand sich entrüstet,
wo unsere Natur sich auflehnt,
wo unsere Frömmigkeit sich ängstlich
fernhält,
dort, gerade dort liebt es Gott zu sein.

Es gibt für einen Starken,
für einen Großen dieser Welt
nur zwei Orte,
an denen ihn sein Mut verläßt,
vor denen er sich in tiefster Seele fürchtet,
denen er scheu ausweicht.
Das ist die Krippe und das Kreuz
Jesu Christi.

Jesu Christi

Bei Gott wohnt die Freude
und von ihm kommt sie herab
und ergreift Geist, Seele und Leib,
und wo diese Freude
einen Menschen gefaßt hat,
dort greift sie um sich,
dort reißt sie mit,
dort sprengt sie verschlossene Türen.
Es gibt eine Freude,
die von Schmerz,
Not und Angst des Herzens
gar nichts weiß;
sie hat keinen Bestand,
sie kann nur für Augenblicke betäuben.
Die Freude Gottes
ist durch die Armut der Krippe
und die Not des Kreuzes gegangen;
darum ist sie unüberwindlich,
unwiderleglich.

Die Hirten

Die Hirten wie die Weisen aus dem Osten
stehen an der Krippe,
nicht als bekehrte Sünder,
sondern einfach,
weil sie, so wie sie sind,
von der Krippe angezogen werden.

Die Weisen aus dem Osten

Wunder aller

Wunder

Kein Priester,
kein Theologe
stand an der Krippe von Bethlehem.
Und doch hat die christliche Theologie
ihren Ursprung
in dem Wunder aller Wunder,
daß Gott Mensch wurde.

Ein Sohn

Von der Geburt eines Kindes
ist die Rede,
nicht von der umwälzenden Tat
eines starken Mannes,
nicht von der kühnen Entdeckung
eines Weisen,
nicht von dem frommen Werk
eines Heiligen.
Es geht wirklich über alles Begreifen:
Die Geburt eines Kindes
soll die große Wendung aller Dinge
herbeiführen,
soll der ganzen Menschheit Heil und
Erlösung bringen.

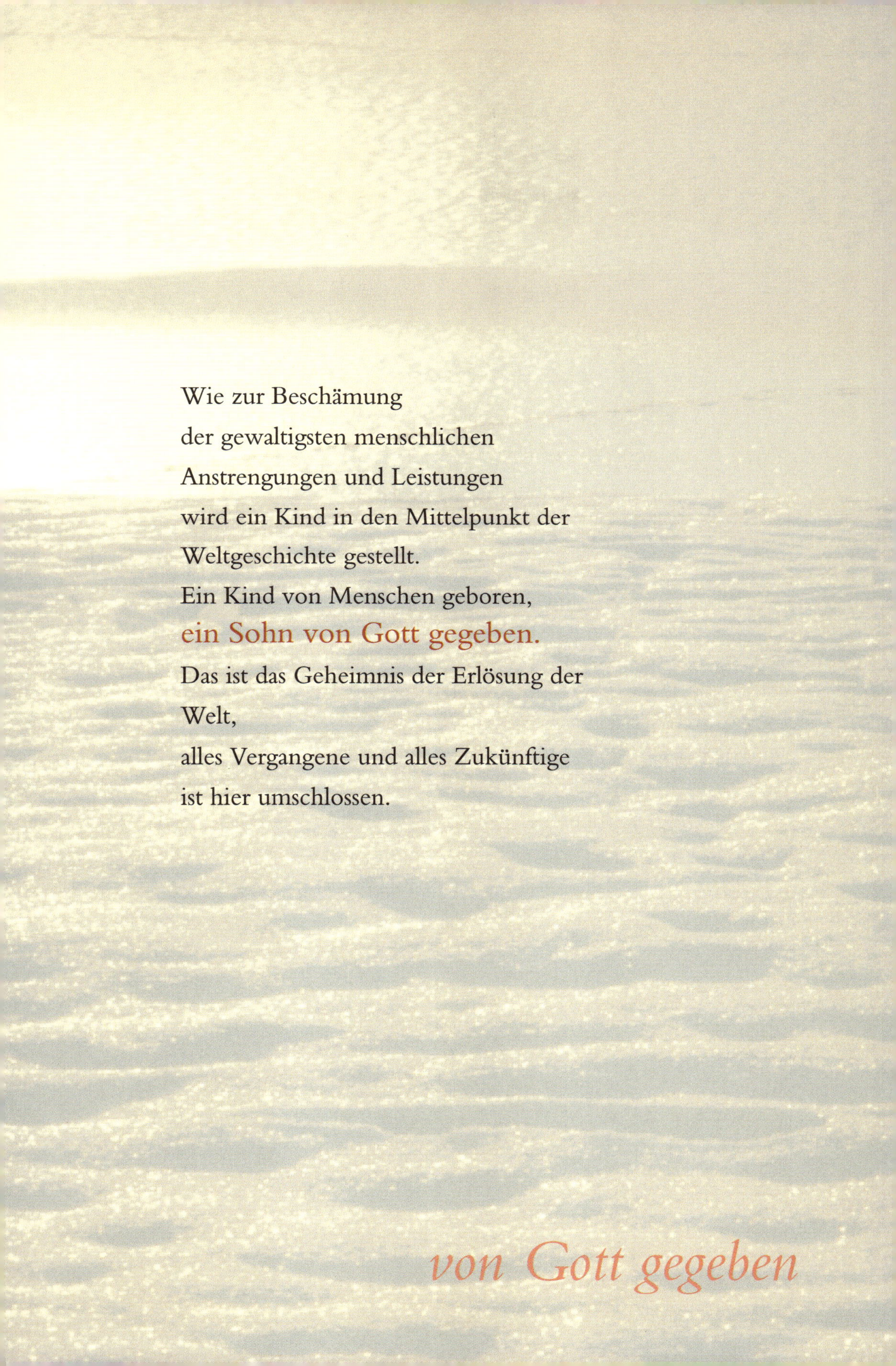

Wie zur Beschämung
der gewaltigsten menschlichen
Anstrengungen und Leistungen
wird ein Kind in den Mittelpunkt der
Weltgeschichte gestellt.
Ein Kind von Menschen geboren,
ein Sohn von Gott gegeben.
Das ist das Geheimnis der Erlösung der
Welt,
alles Vergangene und alles Zukünftige
ist hier umschlossen.

von Gott gegeben

Ein Kind hat unser Leben in der Hand.
Es muss wohl ein Kopfschütteln,
ja vielleicht sogar ein böses Lachen
durch unsere alte, kluge, erfahrene,
selbstgewisse Welt gehen,
wenn sie vernimmt:
Uns ist ein Kind geboren, ein Sohn ist uns
gegeben.

Die ganze Last der Welt

Und die Herrschaft ist auf seiner Schulter.
Auf den schwachen Schultern
des neugeborenen Kindes
soll die Herrschaft über die Welt liegen!
Eines wissen wir:
Diese Schultern werden jedenfalls
die ganze Last der Welt zu tragen
bekommen.
Die Herrschaft wird aber darin bestehen,
daß der Träger unter der Last nicht
zusammenbricht,
sondern sie ans Ziel bringt.

Gott ward

Mensch

Wunder - Rat

heißt dieses Kind.
In der Gestalt eines Menschenkindes
gab Gott uns seinen Sohn,
Gott ward Mensch,
das Wort ward Fleisch.
Das ist das Wunder
der Liebe Gottes zu uns
und es ist der unergründliche weise Rat,
daß diese Liebe uns gewinnt und rettet.

Gott wurde ein Kind

Gott - Kraft
heißt dieses Kind.
Das Kind in der Krippe
ist kein anderer als Gott selbst.
Größeres kann nicht gesagt werden:
Gott wurde ein Kind.

Ewig - Vater

wie kann dies der Name des Kindes sein?
Nur so,
daß sich in diesem Kinde
die ewige väterliche Liebe Gottes offenbart
und daß das Kind nichts anderes will
als die Liebe des Vaters auf die Erde bringen.
In der Zeit geboren
bringt es die Ewigkeit mit sich,
als Sohn Gottes
bringt es uns allen
die Liebe des Vaters im Himmel.

in der Zeit geboren

Friede - Fürst

wo Gott in Liebe zu den Menschen kommt,
sich mit ihnen vereint,
dort ist Friede geschlossen
zwischen Gott und Mensch
und zwischen Mensch und Mensch.

Gegenwart Gottes

Wunder - Rat,
Gott - Kraft,
Ewig - Vater,
Friede - Fürst
so sprechen wir
an der Krippe von Bethlehem,
so überstürzen sich unsere Worte
beim Anblick des göttlichen Kindes.
Diese Worte aber
sind ja im Grunde nichts anderes
als ein wortloses Schweigen der Anbetung
vor dem Unaussprechlichen,
der Gegenwart Gottes
in der Gestalt eines Menschenkindes.

Im Stall

zu Bethlehem

Jesus Christus
den Menschen zugute
ein Mensch geworden
im Stall zu Bethlehem
freue dich,
oh Christenheit.

Wer alle Gewalt,
alle Ehre,
alles Ansehen,
alle Eitelkeit,
allen Hochmut,
alle Eigenwilligkeiten
endlich niederlegt an der Krippe,
wer sich hält zu den Niedrigen
und Gott allein hoch sein lässt,
wer im Kind in der Krippe
die Herrlichkeit Gottes
gerade in der Niedrigkeit schaut,
der wird Weihnachten recht feiern.

Quellennachweis

Alle Zitate sind aus Dietrich Bonhoeffer Werke (DBW) entnommen.
Sie sind im Chr. Kaiser/Gütersloher Verlagshaus erschienen.
Die Zitate folgen der Rechtschreibung und Zeichensetzung Dietrich Bonhoeffers.

S. 17: DBW 4, Nachfolge. Hrsg. v. Martin Kuske und Ilse Tödt, 3. Aufl. 2002. S. 301.
S. 14, S. 15, S. 18, S. 19: DBW 6, Ethik. Hrsg. v. Ilse Tödt, Heinz Eduard Tödt, Ernst Feil und Clifford Green. 2. Aufl. 1998. S. 74, S. 71, S. 403f., S. 49.
S. 27: DBW 8, Widerstand und Ergebung. Briefe und Aufzeichnungen aus der Haft. Hrsg. v. Christian Gremmels, Eberhard und Renate Bethge in Zusammenarbeit mit Ilse Tödt. 1998. S. 536.
S. 11, S. 12: DBW 10, Barcelona, Berlin, Amerika 1928 – 1931. Hrsg. v. Reinhart Staats und Hans Chr. von Hase in Zusammenarbeit mit Holger Roggelin und Matthias Wünsche. 1991. S. 529, S. 585.
S. 41: DBW 12, Berlin 1932 – 1933. Hrsg. v. Carsten Nicolaisen und Ernst-Albert Scharffenorth. 1997. S. 455.
S. 8f., S. 20, S. 21, S. 23, S. 24, S. 25, S. 42: DBW 13, London 1933 – 1935. Hrsg. v. Hans Goedeking, Martin Heimbucher und Hans-Walther Schleicher. 1994. S. 341, S. 339f., S. 339, S. 340f., S. 339, S. 342, S. 343.
S. 13, S. 29: DBW 15, Illegale Theologenausbildung: Sammelvikariate 1937 – 1940. Hrsg. v. Dirk Schulz. 1998. S. 540, S. 537f.
S. 26, S. 30, S. 31, S. 32, S. 33. S. 35, S. 36, S. 37, S. 38, S. 39: DBW 16, Konspiration und Haft 1940 – 1945. Hrsg. v. Jürgen Glenthoj, Ulrich Kabitz, Wolf Krötke. 1996. S. 373, S. 634, S. 634, S. 634f., S. 635, S. 636, S. 636, S. 637, S. 637, S. 637.

Bildnachweis
S. 28, © Jürgen Schunck, Coburg
Umschlag und S. 34, © Jürgen Vogt, Mössingen
S. 40, © Peter Santor, Karlsruhe
Alle anderen Fotos: Fotoarchiv Gütersloher Verlagshaus

Bibliografische Information Der Deutschen Bibliothek
Die Deutsche Bibliothek verzeichnet diese Publikation in der Deutschen Nationalbibliografie; detaillierte bibliografische Daten sind im Internet über http:\\dnb.ddb.de abrufbar.

ISBN 3-579-07101-7

Umschlaggestaltung: Init GmbH, Bielefeld
Reproduktion: redhead, Steinhagen
Druck und Bindung: Těšínská Tiskárna, Česky Těšín

Printed in Czech Republic

www.gtvh.de

Dietrich Bonhoeffer